काला तेंदुआ

कथा *अरविंद कृष बाला*   चित्र *अशोक राजगोपालन*

अनुवाद *अनीता सान्याल*

Tulika

मेरा नाम वीरा है और मैं आनैमलय जंगलों के सारे पक्षियों को जानता हूँ। मुझे पक्षियों से प्रेम है। खास तौर पर पलेटि-धनेष से। मैंने इनके घोंसले तो भारत के बर्ड-मैन सालिम अली को भी दिखाए थे कई साल पहले। बदले में उन्होंने मुझे अपनी दूरबीन भेंट दी थी। मैं तब 15 साल का था।

वो बहुत लंबे समय पुरानी बात है और मेरे पास अनेक कहानियाँ हैं उन जानवरों के बारे में जिन्हें मैंने इन जंगलों में देखा। शेर, हाथी, गौर...

पर सबसे उत्तम कहानी है एक काले तेंदुए की।

मेरे पुरखे एवं गाँव के बुज़ुर्गों ने एक काले जानवर की बात बताई थी जो जंगल में घूमा करता था। पर किसी ने भी उसे देखा नहीं था।

एक दिन, मेरे 11 साल के बेटे करी ने कहा कि उसने एक विशाल काली बिल्ली को पहाड़ पर ऊपर जाने वाले पहले मोड़ पर सेमल के पेड़ के पास कंटीली झाड़ियों में देखा है।

मैं समझ गया कि यह एक काला तेंदुआ ही है। मैं रोमांचित हो गया।

तो मैंने अपनी शामें उस सेमल के पेड़ के नीचे गुज़ारनी शुरू कर दीं। शनिवार और रविवार को करी मेरे साथ रहता।

22 दिनों तक हमारे भाग्य नहीं खुले।

एक दिन जब हम इंतज़ार में थे, हमने हाथियों के झुंडों को उनके जाने-पहचाने रास्ते से एक जंगल से दूसरे जंगल प्रवास करते देखा। हमें सांबर, सियार एवं एक तेंदुआ भी दिखाई पड़ा।

मैं इन्हें जंगल में कई, कई बार देख चुका था। मेरा दिल तो काले तेंदुए के लिए धड़क रहा था।

एक और सुबह हमनें देखी एक शेरनी अपने दो बच्चों के साथ।

उस शाम हम दोनों संकरी, घुमावदार पहाड़ी सड़क के किनारे बैठे थे कि तभी बिजली कड़की। दिन की आखरी बस खड़खड़ाती हुई आधे घंटे पहले ही जा चुकी थी। जंगल एकदम शांत था। और तब...

हम अपनी आँखों पर विश्वास नहीं कर पाए!

सामने सड़क पर आया काला तेंदुआ, गौरवशाली चाल चलता, सेमल के पेड़ के नीचे से। एकदम चटक काला।

उसने सड़क के दोंनो ओर ऐसे देखा जैसे एक स्कूल जाने वाला बच्चा सड़क पार करने के पहले देखता है। फिर उसने अपना शरीर ताना, गुर्राया और सड़क के बीचोबीच लेट गया।

उसने जम्हाई ली और सो गया। तभी आसमान से सुनहरी बूँदों की फुहार गिरने लगी।

करी और मैं उसे करीब से देखना चाहते थे। मैं सड़क के उस पार चला गया। करी जहाँ था वहीं रहा।

तेंदुए की तरह, हम लेट गए और धीरे-धीरे दोनों तरफ़ से उसकी ओर खिसकने लगे।

हम उससे लगभग दस फुट की दूरी पर रहे होंगे कि वह हमारी गँध पाकर, उछल पड़ा।

हम डर गए। मैंने इशारे से अपने बेटे को एकदम चुप रहने को कहा।

शुक्र था कि तेंदुआ करी की तरफ़ नहीं देख रहा था। गहरी आवाज़ में गुर्राते हुए वह सीधे मेरी तरफ़ हल्के पर विश्वस्त कदमों से बढ़ा। अपनी साँस रोके हुए मैंने अपने सारे पुरखों को याद कर लिया।

उसके काले चमकीले शरीर पर षटभुजी आकृतियाँ मैं साफ़ देख पा रहा था। उसकी मोटी, लंबी पूँछ सिरे पर गुच्छे जैसे थी।

पास आकर उसने मुझे सूँघा। उसकी लालसी ज़बान बाहर लटक रही थी, उसके दाँत थे जैसे छोटे, तीखे, हाथी दाँत के बने कील। उन पीली आँखों के अंदर दो काले कंच्चे चमक रहे थे।

फिर धीरे से उस शानदार काली बिल्ली ने मुझे चाटना शुरू कर दिया।

अचानक करी खड़े होकर ज़ोर-ज़ोर से चिल्लाने लगा। उसने प्रण कर लिया था कि वह तेंदुए को पूँछ से उठाकर दूर फेंक देगा।

शोर से अचंभित तेंदुआ घबरा गया।

मौका पाकर मैं उछल कर खड़ा हो गया और तेंदुए पर चिल्लाया:
"तेरी हिम्मत कैसे हुई मुझे चाटने की?"

अब तेंदुआ धीरे से हमसे पीछे खिसकने लगा। वह अपनी बर्फ़ीली डरावनी आँखों से हमें घूरता रहा जब तक कि वह झाड़ियों में गुम न हो गया। ऐसा लग रहा था मानो हमें कह रहा हो: "एक दिन मैं भी देख लूँगा तुमको!"

सूरज अपनी पूरी शोभा के साथ ढ़लने ही वाला था कि फिर से फुहार पड़ने लगी। इँद्र देवता ने अपना रंगबिरंगा धनुष फैला दिया। पक्षियों के झुंड कड़क तीरों की तरह टीले के ऊपर से तेज़ी से उड़ रहे थे।

करी और मैं घुमावदार घाटी की सड़क पर खुशी से नाचते गाते घर की ओर चल पड़े। हमने काला तेंदुआ देखा था!